Christian Mauck / Se-Laika

Glaspalast

(Gedichte)

Post-Korrektur-Auflage
Juni 2010
© 2010 Christian Mauck

Herstellung und Verlag:
Books on Demand GmbH, Norderstedt

ISBN
9-783-8391-7149-3

für

Wilko & Frauke Brenner

-1-

Mikro/Makro

(Wahrsagerei)

Alte,
aus jungen Jahren erinnerte, leichte, heitere, sachliche,
normalisierte
Sexualität in Nebenschlafzimmern; Erweckung zu niederen
Diensten
Hauben, Schutz bietend, die geheimes Wissen offenbaren
Eukalyptus, in der Sonne, im Vakuum getrocknet;
ich weiß nicht

Die Kreide am Aquädukt, alte Sternenfelder beschreibend,
ist mit Hand verwischt.
Ritualmesser schlüpfen in das Fleisch der weichen Daumen
an Lanugo-Geburt
Teller durchzogen von zerbrochenen Platten Zuckers und
Glas
Menuskel des Aeroplans, Zeppelinhüllen mit Runen codiert

46:52
12:57

Brauch,
der über einer Flamme auffliegt.
Kampf zerbricht.

Die losgetretenen Hemden in Montego stillen eine eiserne
Warte
Teleskope aus Messing bilden einen Wall.
In Murcia hinter den Schatten gewesen,

sie erkennen

II.
(Bewusstsein)

Zu Fuß das Wasser des still Bewussten überwunden
Isis' Sättigung

Makellose optische Klage der stillen Membran aus
atavistischer Loyalität

Reife der erklarten Gesinnungen
Morgen ist im Einklang
Schweigen liegt im elterlichem Nest dem
mein Strahl
Gewissen entstammt
Die Schlangen des Bodens sind elterlich; ihre Schuppen
Blatt von Tee
Darstellungen der Jugend, allesamt nun verwandt mit dem
Rätsel
Koloniale Kräfte in ihren frenetischen Spielen überwinden
die Zeit
Steinmenschen drücken ihre Hand auf die Brustkörbe
unserer Haushunde
Atem wird im Bauch der Karavelle sacht gewogen
Macheten aus legiertem Stroh stechen aus glatten
Böschungen

Die Zeit der Weckungen fehlt
Reife der weichen Pforte
Lotus lockt aus Tiefen
Kalender der Equilibrien entwendet aus der Halle letzter
Kommunion
Überbleibsel der Übersetzungen; das Feuer in den
Bibliotheken gekühlt. Nachlass der Senke in Fastenjahren...

III.
(Kur)

Der enthauptete, einst aufgehobene Leib der Taube wirft
einen Blick
Cesven in der Kur. Geysirtunnel im alten Werk - feuchte
Hände vergraben
Carepakete, in denen die Hohlräume mit dem Bernstein des
Hustensaftes aufgefüllt...
Konspirativa. Ideen, die sie innerhalb deiner kosmischen
Ordnung erzeugen.
Und du?, machst du dir vor, dass...
Schwimmer entluden sich, fahren mit scharfen Fingernägeln
in das eigene,
verpflichtete Fleisch in der Jagd nach dem Lungenzwilling,
der sich auf dem Schulterblatt erzeugt...
Die meisten erzeugen obszöne Satyre...
Sie färben westliches Kind.
Tritonenmaschinen entstehen hinter dem sichtbarem
Horizont, gekarrt von farbloser Reife.
Karaffe meiner Identität erscheint geleert...
Kalender sinistra
Erstarkte Stunden; Humor, vererbt in verwundetes Fleisch,
von Entstehen an, der Leidenschaft entfremdet.
Motora.
Emanzipation versunkener Rotgardisten,
auf weiche, ob treibende Traumsynoden erpicht.
Wahl der Trauer und trauernde Wähler in einem versperrtem
Café,
genährt, doch im Zweifel verwahrt...
Bitten beantwortet.
Die späte Frühjahrsabendstimme erinnert mich immer noch
an jene, müde Inquisition...

IV.
(Historiker)

Entropie der Hemisphären, Sonnenstarre; Nebel der
Vorgeschöpfe

Landgeschichte

Das Sperma unerkannter Messungen,
konspirativ die vergilbten Zigaretten
aus Sehne;
Schalenwasser, welches wie leiser Sturm
gegen die argonautischen Streben drängt, die
von Kardinalserinnerungen begangenen Taten des
Widersinns
lange Dekaden den Sand der vergessenen Streitmeter
Pyrrhe-Athleten
gebogener Mohn

Sepharimsgeschichte

Entropie der Hemisphären; Nebel
der Vorgeschöpfe
Versteinerung eines Vorganges, Zugriff
Spray weichen Stoffes
Meeresspray;
Warschau.
Farbe des namenlosen Kanzlers

Kür 6

Gurt und Binde aus gelehrsamen Karbon -
sombre; Carré eines Herzinfarktes. Ist „Lust" in deiner
Stirne lebhaft?

Ohne Zweifel.

Ihr Leben ist gänzlich eine Gouache; die Farben der
Nervenstränge
Melodie oder vielmehr Gestammel des Leibes
„SILBER" eines Vogels doch
An Liebe und Nicht-Tod Zweifel geboren;
Targe et Pice

Bei der Parade begegnest du dem, vorhin noch
zurückhaltenden Traum wieder; du erscheinst deinen Eltern
im Schlafe

Deine Sonne: Mühe? Tripper?

"Stroke of Luck"; feiner, nackter Affe in einem Triptychon
Vanessa Ferrari, die Kindfrau, schnallt sich einen Gurt um.
Daidolous und Ikarus. Die siebte Schule.
Parcours. Spott bleibt übrig.
Ruhr, Mondschein.

VI.
(Idol)

Hybris... sind die Gedanken deines Herbsts...
Rose von Alkohol
Deiner Sinne Halt?
Junta deines Aerosols?
Karten des Winters, brasilianische Avantgardisten mit der
Schärfe jener Wochen
/probis
/Sinnentfall
/Reusen
Die Zikadentreibe steht in bepelzten Bäumen still; nun
Entwesung...
der Gedanke, die entstandene Intelligenz treib zum eigenen
Rücken heran;
die Ankunft der okkulten Pilger:
Bluthirtengurte
Baton-Kirschen
behilflicher Wein
Kur-Sarkophage
Morgenspatzen
feuchte, junge Ähre
Morgue der Wildfische enttrübt die Klarheit der gefalteten
Vernünfte
und das Gitter aus wegsamen Holz rupft an den Düften;
eine Bola, voll von zahllosem Verstoß, wurde geworfen
& die Silben stiller Warzen - magische Wirkung,
entgegen gerichtet den Speisen
und gläubigem Hunger entwachsen

VII.
(Technik)

der Mund versiegelt im Wachs der bedrückten Hoffnungen
Ausmalungen sakraler Anrufungen, gestützt auf der
Quecksilberhaut allen Verfalls
Fieber der Gegentiefen
Humor der Freischärler
Gangs schwarzer Sonnenfische,
erprobend die Revolte künstlicher Schüler; künstlicher
artifizieller Gelehrter
Duftstoffe extrahiert aus Sommern...
meine Mezäne: Humor der einzelnen Kammern
Myrmidonen hellen die Herzen der Bauern mit Weizen und
Tinte,
enteilt der Herzkammer der grünen Myrten
Akademie des Schweigens; Gestank von Beize und Buch,
ich aber, ich entströme
Sünde meines Erdenkens, meines Ersinnens in den
Blockhütten des Merkurs...
Eure Zunge, die der Altmond
Y-Membran des erschlafften Blickes

VIII.
(Erotik und Erwartung)

Lipide aus fernöstlichem Stroh; Jagen anderer Gegenwarten, zermahlen
im Silberbergwerk von Laurmontaigne. Die Aorta geschmolzener Federn,
die gebrochene Haut des Meeres. Janitscharenkrebse, geboren im Herz der
Saraszenen. Wirken des Unglücks; Flugmaschinen
Imitationen in dunkler See.
Elysium der elektrischen Ströme,
hagerer Zuspruch aus verebbten Gefilden
Eine Vakuole von Fliedern treibt dahin über die Korruption in der Tiefe
des Kanals; magnetische Legenden, die im Kreuzstrom des
Baches in Entfachung fallen.
Morgenacker war Zungenland; die Saat in den Schatten illegalisiert;
Seezungen, Stöhnen, in fluten des Verspeisens gelangt.
Fieberglastücher, die die Scheiden von Immigrantinnen reinigen;
Carress-Carrier saugen an gummiartigen Pflanzen, die aus dem Sonnenfall sich nähren.
Pfeifen ihrer feierlichen Schwüre;
Ein schwarzes Satinkleid erklimmt die Morgen;
Surrogat und erhellte Katzen
Säure aus Raupenhaar;
allem Nachdruck wird morgen oder früher nachgegeben.

IX.
(Myko)

Große, durch scheinbar gänzliche Frische hindurch
getragene Geständnisse
Sporen: in 6 Zeilen zerlegt
Sonnenblumenfaschismus in der letzten Sekunde
Ehe, meine Freunde - der Mensch versteht sie
Dieses Jahrzehnt wird durch den Zustand als Gast markiert;
Perm-Rose, die im Mond welkt,
deine Fette sind streng;
wie sehr die grüne Triumphale, deine,
sich gegen geschicktes Mohn auflehnt!
Deine Vakuole ist von herrlichem Zwielicht bekränzt
Durch Jahre benenne ich dein Land
und ordne die Dunkel. Durch bekennendes Wimmern
trägst du deine Vorglut ein.
Anstatt deines Namens, kenne ich dein Zeichen

X.
(Dreckiger Tag)

"So ziemlich das Dritte Reich was Tuberkulose betrifft"
Ich wende mich von seinen verbitternden Monologen ab;
Stärke aus obligat erschienen Muskel arbeitet sich zum Blatt
der Schulter empor
Kalb und Gesang, verruhend eines durch Monumentalbauten
beschwerten Bettes; ihre Haut im Echolot erkaltet
Mr. Scruff
-von außen- der Stoß eines Hammers; Bildung treibt den
Schlag voran (und was er sucht tiefer)
lehrt den Kindern einiges an Qualen, nicht dass... -
Ich fürchte dennoch, dass es diese Woche ist -
Das Schicksal liegt wie Fett auf den Tanten
Der Künstler ein Objekt
Verführt vom Duft der eigenen Willfährigkeit
Vom Genuss verzerrt
-sorry, Kommissionen dieser alten Lust-
-Ewigkeit?-
Scheußlichkeiten der Postmodernitäten werden vor meinem
Fenster in Minen abgebaut.
Jungen, Mädchen - helft mir!
Wie sind alle erschaffen; die Jahre welche kommen
kleiden sich mit großer Umsicht
Vernunft wird Alter...
Errungenschaften Herz...
Sanftheit Protektariat...
Du wirst zu mir...
Allzu sehr setzt das Zeugenschutzprogramm unserer Odeen
verzierte Kerker gegen die dichte Böschung ab
und wie erst deine gegen die meinige wähnen,
wo soll man hoffen?

XI.
(Pioniere)

Attentat B;
Sombrische Neonröhren verschlafen den Nachtgang;
Quarz und Meeresland erwecken eine schwere Uhr;
der Sommer
einst meiner,
Freunde,
hat sich gelegt
Eine grüne Vase; ihr Träumen
für mich wie Herkunft
ist von Schuldgefühl
geweckt
Prokrastination und Sommerdrachen
Zigaretten, die ganz aus Tau gemacht sind,
auf dem schwerer Schatten noch ruht
Gefühl der geschwächten Leber;
mein Vater - eingemauert in römischen Öfen
Verhüttung
der Form meines Streifens
Gingko, aus der Wochenzeitung ausgeschnitten
Ich suchte ein wenig Ballast

XII.
(Kriminal)

Sternenfach gesalbter Schwindel
Stereo-Unfälle erfassen die Wege;
Styropor im Mund raschelt; sie säen einen schönen Jargon...
Latex, brechend; schnalzen von schwarzem Metall.
Motel an der holländischen Grenze; ach,
Glanz einer vergessenen Autarkie oder Paragraphens;
die stürmischen Reizungen reißen vorüber
Ein Umhang wirft sich auf einen trommelnden Kadaver
7 Uhr 14. Himbeereis über den Wangen eines
Gewehrschützen.
Geld fertigt die Kapitälchen der Welt an,
dass kein geschlossener Niedersang um das Leben ist.
Die Schäferhunde gehen ins Holz;
giftgrüner Sirup welkt an ihrem Maul
Pakete aus dem eigenem, letzten Roman.
Novellen an der Gabelspitze
Kerzen aus dem Wachs der frühen Mutters Mund
Die Babysitter, in zwanzig Stücke geschnitten -
im Bezirk des Morgens riss die Fantasie einfach ab.
Pasteurisierter Speck, ein verfaulter Walnusskern.
"Wartet er noch?" "Er schreit vorrüber,
er schien mir wie ein politischer Fürst"
Nickt, liebt ihn mit seiner ganzen Gewaltherrschaft.
Ziemlich schwermütig in seinem Alter.
Man betrügt jeden Sinn separat.

XIII.
(Sentimentalitäten)

Umklärung, die nur Juno trägt,
Fernzeichen gebürsteten Grases.
Wir schleppen den mondgeborenen Uzo;
Plastik &
Wolke
Litaneien, die aus einem Dunst,
streng gleich Aromen wilder Beeren
des Mooswaldes, entstehen &
Feuernacht erinnernde Türschellen,
die mein Gestehen verstummen
Ein Bewahren von Schnee & meine
letzte Zigarette im Kreuz der Hanse
finde ich unter den Fernen. Der Sekt im Rücken
ist getrocknet. Eine Wolldecke,
die das Freizeichen dämpft.
Die Hand ist ein alter Leitfaden;
Ich sehe sie wie einen Kristall
an der Scheidenwand brechen.

XIV.
(Pressur)

Das Geld ist gestrandet;
Martyrien zerstreiten sich zur Stirne;
die puristischen Nächte
FKK-Touristen mit geöffneten Adern
Schlamm aus den Herbstdepression
Gemeuchelte Piscines -
Menschenhäute als erschlaffte Würfelquallen
Auroren der Pornographie
Blut, gerade wie Quark wirkend
Zwilling, gerade dem Bolzen gleich
erfundene Jugend, die zurückbringt
alle vergessenen Gesetze und Brüche
Bits aus niedergeschriebenem Obst
Ferne Zweifel am Wiedererwachen
Geschichte in einem Dutt codiert
Tragische Lebewesen
Menschen vernetzter Lasten
Metasport

XV.
(Frau auf Fahrrad)

Der Trick liegt im Schildkrötenpanzer begraben
dieselbe Haltung des Gesichtes.
Geistreiches Betrachten der
antiken Ausstellungskataloge, beim Scheißen vielleicht,
und das fünffingrige Kleeblatt,
welches ganz Blut in den Abend schwitzt-
Tricks in der Vergangenheit und 6 Euro.
mit Ozon überlistet;
er wirkte wie ein Krapfen
aus aller Gottes Dreck;
er war ein libanesisches Kind.
Er saugt und pumpte sich auf,
mit schwedischen Abgas.
Manche Region endet nach einem Glas;
die Birken schmerzen, Schuhlöffel
finden die Schlaghand kaum
überzeugter evangelischer Pfarrer.
Der Lebenslauf endet manchmal
hinter einem dringendem Glas.
Man besitzt Notfälle,
das Umfeld aus jungem Ton,
die man der eigenen Schöpfung
verschweigt.
6 Uhr Morgen erhält auch dich nicht

XVI.
(Liebe für Niemanden)

Deine Ideen sind gestanden
und deine Ideen oft mehr Liebe denn Humor.
Du, wie deine Besuche, fahren auch zu schnell.
Eine Kemenate,
die die Indien-Boys zusammenhält;
ihre Fehler sind ein eisernes Geschäft.
Die Huren streng und hermetisch,
sie fahren dich scharf aufgrund
des eigenen Businesses an.
Deine Ideen, sie beladen meine Natur,
reich – machen sie nicht.
Ich errichte dir eine Feste
auf den dichtesten Wolken und Materienstaub und
jedes Jahr füttere ich das Feuer im Samenkanal.
Größere Fürstentümer schieben sich
aus Analsex zusammen, mehr aus
dem Speichel in der Fleischwunde des
Gesichtes deiner alten Allerliebsten,
das zu einem roten Loch verätzt wurde.
Die Bambuszepter der Fänger
sind würzige Schwänze geworden,
„alte Ideen" bringt sie gegen Vaseline auf.
Die Mangroven sind alle Hände einer
Wüste mit einem Gesicht;
Fliegentrinker üben alle Krakenschale,
sie reiten aber steile Jungen
im Rückenbereich unserer Vorstellungen

-2-

Der Mangaven-Engel

XVII.
(Parque Basilica)

Reife in getrübten Blumen
Sie erwachen doch unter porösen Fackeln
Meerkatzen, die Kadaver
in Segmente geschnittener Teufel und
Diener
Mark erschütternde Weihen;
alle Härten
Übersee: befleischte Fresken -
Unter See treiben die meridianischen
Monstren
Licht-undurchlässige Pilze und Kronen…
Schimmelnder Bambus fährt über
Karkasskaden hin und beugt die Warte der
Sterne
Farblose Seife endgültiger Entscheidungen
Kinder eines Häuserblockschattens;
gefangen in einem
vor einigen Jahren vergessenen
Messerkampf

XVIII.
(Das Klischée Afrikas)

Holz und,
was die Würde des ertragenen Jahrhunderts;
agile Fluken der Fische im
Lippenschlupf säuglingsjunger Diktatoren.
Maistat; Schafe die hinter
Vocodern geschoren werden,
fressen Gras zwischen der Galle;
Heroin-süchtige
Floristen vergraben Geysire.
Essigsäure verdaut schwierigen Stern.
Schaben aus fleischernen Warzen
Signaturen der Höllen; kühlste Optionen;
Simulakra des Frühjahrs,
keine Verlassenswünsche,
die geäußert werden im
Faltstrom
Sonnenelektrizität wacht
während Horror in der Neige
jungen Blatts
alle Reiher wecken
und ihr beendeter Traum,
ein schwächlicher Weg unserer Gewissen,
errichtet Zelte an der Küste Knochen-weißer Krebse.
Die Wüste deren Sand
Pulver maritimer Panzer
ist wach,
sie reckt ihr Glieder,
streicht ihre weiche Haut
über elektrisch geladenes Bakterium

XIX.
(Delftnacht)

Gläserner Regen presst sich über die Welt
mit verbergendem Gesuch;
die Kanzel des Horoskops,
die verbunden
mit sieben-strahligem Leben;
die Immortelie, eisern vernarbt,
koprophagisch zertrunken.
Fadenwürmer realen Lichtes
wogen im Sonnenwind,
wiederholende Speisen,
Refrain einer Galle des Despoten;
ist das Herz filmisch
& zerdrückt?
Die Memoiren taumeln über Wiegen,
schwarze Wägen betasten das Eis der Donau.
Helium und Seeigel stoßen auf.
Der Verkehr des zweiten Alls
fernt einen duellierenden Schilderturm;
war ein Land?
Felder verändern sich
zu scherzhaften Hafer;
ohne die Kotgreifer entsteht
der Hafen nicht,
heut Nacht nicht.
Selamine muss dann Polizisten der Einsamkeit
als leichte Alge finden,
und ihr verspiegelter Cowboy
brennt die Zukunft.
Seine Blut-unterlaufenden Augen
seine frühen Augen sind Vampire.

XX.
(Gelatine)

Zu uns nieder geebnete Fleische
werden wir feixend
in geknoteten Bilgen sinken
Motoren in siedendem, doch zerfallendem
Strahl kreisen,
streunen unter einem Mond von Frucht
Frucht
Zu uns nieder Gerungene
Aggressor kosmische offensive Zeit
Kleine Nester aus aufgewickeltem Fahnen
Belohne dich
Zu uns nieder geebnete Fleische
werden wir feixend
hinter schmunzelnden Bilgen sinken
Motoren, Westferne
Der Mond
aus strahlendem Kokos
aus Pistazienbutter
Creme eines afrikanischen Weisen
Kleine Meister aus ausgewickelten Fahnen
Er macht ein Windgeräusch
Belohne dich
Die verdiente Butter aus Nussöl
an deinem Nacken
deiner Ferse
Der Mond schläft dich

XXI.
(Namenlose Zollgrenze)

Wein: Prüfungen der Impulse
Wir sieden den stoischen Mais
Ich erstehe in einem Autowrack,
es erscheint aus Moos und rauen Rubinen,
erwürgt und heimtückisch,
eines Mörders wankender Mund.
Flecken unter Shirts mit abgebildeten
gebrochenen Sternen; die Euros
in meinem Mantel wirken schwach und kühl
ein Gleis in stummen Zitronen verborgen,
der Mitternachtszug,
widerwillige Ideen des Hasses,
noch Embryonen,
zu Fiberglas verklärt. 12 Euro
für eine Indigo-gefärbt. Zigarette,
einen Burger mit Magma-rotem Fleisch –
Und der Serienschinder nimmt ein Ende,
an anderem tragisch,
an ihm Kitzel erzeugend
Ein Mammutpriester vergräbt die letzten Silhouetten
Piraten und Logistikfrachter tauschen
in einer Bodega, aus Bambus geschnitten,
ihre Container durch eine Substanz des Gehirnes
und unvergesslicher Magenverstimmungen
Und ich bin einer, der sie schwindelig trinkt,
der selbst einbuchtet;
sie treten einen zerbrechenden Gitarrenkorpus
und mein fettes Herz in einem Turban aus kristallenem
Strom
und die Suchtrupps stolpern über den Dämmerungs-Archipel

XXII.
(Bird and Stone)

Ein
in sich verkehrter Korridoral-Traum
Myriaden schmaler, Tropfen-geformter Nadeln;
teleportierendes Idol
Chiffra aus zahmen alchemistischem Metallen
Augen aus Fett und Knochen
stumme Fähre aus Marmor, in den Gebirgen quellend,
die letzten simulierten pfeifenden Wecklauten
mesopotamischer Vögel,
Meine Mutter des Rohstoffs keift „Bird ´n Stone"
aus meinem Haar nimmt sie die Milch
sie heckt auf einem versteinertem TV-Gerät
In den Korridoren hängen die Gäste
die Schamlippen meiner Mutter sind aus blauen Münzen
gemacht,
doch sind sie weich wie Messing, irritierend wie Lauge
ein lobotomisiertes Herz
argh
Rubes `n Sparks
ein unsichtbarer, gequälter Bengel reißt sich ein...

XXIII.
(Attacken)

Mikrapol; giftige Pilzsporen, Wollust, warme Witterung;
Enzym, gerichtet gegen entkräfteten Traum;
Häftlinge in Pyrostasis…
Der Polizist lehnt an silbriger Flamme
Er saugt die Zellen an mit seinem Karpfenmund
Mikrapol; weiche Handflächen, gestillt
Pneumatische, erotische Fantasien; Heiligen-Bäume
sinken die feuchten Schatten in rachsüchtiges Holz
Mekong-Delta des eigenen Leibes,
Pritschen und Verhörkammern aus Ebenholz oder Gold
oder Perlen eines durch Schwerkraft gebrochenen Leibes
Schichtdienst; namenlose, schwere Hülllen schwarzer Wale
aus Stahl
Enzym „Morgenröte". Er kann die Laternen aller Gassen
sehen
Der Kopf sinkt von kühlenden Stein
Mikrapol; die Stadt in diesen Augen versinkt unter
gläsernem Moos -

XXIV.
(Levitierende Felsen)

Roquefort-Ebenen, Verdruss des Übersinnlichen
Mokka im schwerem Illinois; erschwert, verborgen,
Labyrinthen...
Thermale Irrgärten wüten ganze Dekaden,
Stille wird erwartet
nicht gebannt
noch als die Körbe steinerne Schwellungen tragen
erstickt ein Rotschopf über der Mühe seiner Brust
und Sarkophage der Zeiten des Bedenkens, Prüfens,
Messens gleitet über die Auen und befleckten Körper
starr dahin
Oktaven schnalzen, und sie gleiten durch
Gewänder moralischer Häresie;
Nektargaben an Unholde bipolarer Störungen,
Weihe aller Sünden
Ampurdianische Verzeichnisse
genauer Wirkungen von Drogen
Fahrzeugen und mechanischen Koppelungen
Seen, Kammern und Karren
Futter eines Petri-Autarken

XXV.
(Bedrängnisse)

Rippen in unseren lockeren Gläsern,
leicht noch mit Blut beschmiert;
Bann und Mittelfinger wechseln die Raumseiten.
eine Gruppe schaut nach abgewetzten Reggae aus,
Koprophagen kringeln sich in T-Shirts aus dem Fleisch eines
Schimmels,
das ganze Kerzenwachs wird aufgefressen von diesen
Urvölkern…
Offene Hände gleiten zur Hilfe über einen Jetski heran;
Die 1000jährigen Komitees
Bestien von splendor;
Mugabe aus patagonischem Rosenholz
Alte Menuskeln gerötet, blechern
Mythologosin zischt in die gezeichneten Häute
Die Nipptide des alten Herrgottes
in ein bodenloses Weltall stürzend; Messerkämpfe
Hausmakrele irgendeines Magiers aus Florenz
Kopf frei von Kopenhagen
Nymphen neben weiß
gefärbten Winterjalousien
Kapitänshitze
Tough, die sonnenklaren Kollosseen.
Soda über schlurfende Schritte;
der Antagonist kreuzt mit einem Zungenspitzenkuss auf;
halbe Autogramme, halbe Postleitzahlen

XXVI.
(Burn-Out)

Checkt ja sonst nichts mehr.
Die Petrifucks. Hat Oligarchie
Schnecken in Edelgastanks,
Hanteln, die in abyssschwarze Scheiße knüppeln.

Bachelor aus Chiasmen und Neosyndromen.
Die Puppen zwischen den Zähnen
Moderne, homoerotische Zyklopen?
Spasmen der Guerilla-Killer?
Junkies der Metamorphose und Mehrstufige
verscherbeln Nadeln mit Zeitzündern.
Akzente, schlecht entehrt und müde
auf der Planke ausgeführt.
Traumata, verpasst bekommen von der eigenen Schlafcouch;
Werbefirmen, die Wolken rauchen und Fische fressen.
Chor junger Sportlerinnen und ihren
viel heller singenden
Kamelzehen.
Für Eintausend schiebt man deinem Altehrwürdigen
knapp unter der Spitze eines Kerzenfeuers auf 400 Grad
erhitzten
ganz schön einen hinein.
Probleme existieren nicht.
Binde deinen Geist gut an.
Alle Freaks,
mit ihren tausenden Noppen und Lichtstrahlen,
kriegen keinen hin.
Lege sie hinüber zu der schwarzen Trimme
Du hast Bucht, Bucht.

XXVII.
(Mythen der Kriminalität)

Kuppe neuen Bindens
Pore geschmolzenen Hyazinths
Pariah Europas

Der europäische Stern
trinkt den ovalen, schweren Bunker
des alten Humors
Mühlen aus edelster Nahrung
ertränkten vergoldete Ziegen
und schleichende Asche
Die Leber des virtuellen Sterns
welkt die Weiden, voll des Rausches / die Orakel
entlang des Samens entzweiter
Agenturen tasten

Der Präeuropäische Engel
entweidet die Maltraten der Kehlen
Tattoo eines Maschinisten
Port einer verflüssigten Frau
Ekstase in urbanen Tracheen,
die Dichtersoldaten ersaufen in
schweren Tee und treiben auf einer Sucht hin fort,
die Sohlen von Dosen rasten in diesen Augenhöhlen ein.
Greift die Halsabschneider,
schießt sie in Oxygen-Trupps.
Strom an den Schenkel klatschen zu lassen...
perverse Vögel, schweinische Corps,
rappelnde Tanks
(sie erscheinen am Ende der Fluchttunnels, einer Art
Absaugrohr)

XXVIII.
(Sträflinge)

Und glaubten wir in jenen Tagen,
von wilden Nesseln und stürmischen Duft,
dass sich an unseren Handgelenk,
die Fesseln unseres Fluchtsprintes,
in tiefes, unversöhnlich mit allem,
doch einander zugehöriges Fleisch
schnitten?
Wir mussten in gleicher Silbe stocken,
Es waren die Tage des Wassers durch Runen eingebettet die
Verschwiegenheit
Wir sind Fehden,
ungerecht,
verschlungen und zart;
Die aufsteigende Schwimmer
Wollte ich die Größe
des Leibes erklimmen;
meine Mutter starb
in heiklem Kampf
Gift einer Honigmelone
entkleidet den Samen des Wodkas
Karren, welche die Narbe teilen
List in der wiegenden Kose,
Spectres,
zarte Wraiths,
knarzende Nippel
ich reißt dich bis auf die
Kette – die Schneesturmfalte
ist würzig von Vielzahl Lied
leise zerschnitten – auf;
Scharren klärt das Plaza

XXIX.
(Stil)

Schwarz klaffend
Konturen selbst in dem Zeug der Fischer
das ist ein rohes Geständnis & -
Wut, auch Sorge teilen sich in Ozeanhüllen
bis deine Gallerie verblüht ist.
Sorge, dass ein Morgen uns erwartet,
Kissen schwarzer Seelen, Easy Hives,
die den Morgen Nachmittage entgleisen lassen;
eine Parzelle Färbung
Parfüm und fauliger Sektatem,
Attentate gefeilter Figuren
Synkopisches Knüpfen
Bäume, die Flammen erbilden,
Schwellenverträge, um einen Augapfel
ohne Muster umhüllt;
Gesauge an der Zigarette in abgehackten Händen,
gewölbt gleich über einem Kind
weiche Gehirnmasse, die frisch und pink
wie Knospe darin auf die deckende Haut treibt.
Der Morgen ist frei, wie eine Sünde es ist;
Messlatte eines schönen Lehmteufels
über umgelegter Bucht,
hingerichtet muss getanzt werden;
intelligente Wechsel über
allen Füßen und über alle Banden hinweg.
Mondblues-Slip
Karawanen-Schrott
das Monatsblut der Tiere schwerend
In Tanks ebbt Hirnwasser
noch unter die Stufen des Zulaufs ab.

XXX.
(Verlorenes Segment)

Zur Normalität, zu oft überfärbte,
zurückgekehrte Namen; feindlich gegen
die Mitra des Verstandes Herz,
konisch und in Bahnen getrennt -
eine Fähre aus Nebenholz

Wacholderschnaps spritzt
im Mohn über die Titten der Jungfrauen;
ihre Mütter brennen ein Buch aus Scherbe.

      Ihre Scheinheiligkeit verdunkelte...
Die Ruhezinnen nehmen sie mit Versteck;
Kolportage aus Bauern, die den Barock annehmen;
Netze aus Auftauchen, Flechte aus Hier
      & das Karma der Maschinenblumen...

der Häupter leere Dankbarkeit, Gratifikation -
Sexstellen für hermaphroditische Jockeys,
betrunken & synchron betastend...

Wetten wir das Rascheln
und wetten wir es gegen die Intimität

XXXI.
(Das Wunder der Scham)

Benebelt und in metallene Scheiße gekerkert
Gerechte Schönheit/Wahrheit
Verurteilte Feiglinge und
ausgelesene Bücher

Das siebte Prestige
Verbrennen der Sterne in
sanfter Empirie -
sie fischen den Speck und
tragen blaue Schals

Präsente für das
menschliche Haus; eine
Schlagader des Glückes
detoniert an mir,
gibt sich zu vielen Farben frei.

Ich war eine Farbe
der gezähnten Wollen,
geeilt durch
erleuchtende Rätsel, welche
Wiederkehr meines Retters
zu alter Würde
mit ihren zeitarmen Stimmen
ersangen

Ein Knast aus Seele,
durch Erbarmen kühl
Not aller vorderen Höfe
Betrug am eigenem Idol

Die Seewarte/

Die Seewarte
trägt die Schatten
aus allen Weisen;
die Schatten sind lau
und münden gleich drückendem Witz

Alle Schwere
für das Lied des
Mandarinraben, septische
Noten und Weisheit
für mein letztes Fassen.

XXXII.
(Paralyse)

Kostenloses Papier;
Metastasen erblühen zwischen kleinen Lichtkränzen
Traumferche, die jene Sohle der Seelen schwächt.

Ich ernte die Fistel,
die ich kräftige in Nächten langer Fürchte.
Ich sehe Feuerquallen sterben
in der Bucht bronzener Platten -
ihre Maschinen jüngen die Schwüre,
die ich nie erreiche
Zigaretten in Scherben;
ist trockener Gast dort bei meinem Kehlengericht?

Sie entfernte die Klarheit über dem Brand
der Kirschen meiner Stätte löste.

Legasthenie
ist der tote Leib der Landschaften
wir lösen der Ebenen Klänge ab;
eine karge Galeere bildet köstliche Krater -

Das Paraffin-Häppchen war 40 Gramm in der Zehe eines
Kalbs;
Geburtsinstinkt paart in einer Warze sich zur Welt.
Wir dachten:
Heiligkeit war im Knochen meiner Wünsche,
doch dunkelste Pokale -
in den Ämtern meines Leibes
gibt sich der Wind des Lichtes
zu allen Liedern frei...

XXXIII.
(Der Traum des Chemikers)

Rockgleich entfaltet sich ein Fundament aus Wasser
Der Sand ist schon blau gefärbt
Und ich behalte all meine Paläste für mich

Ein Kasino aus klarem Gewissen
Weich erscheinen die Hälse der Monumente
und Vereinigung im schwarzem Humor

Wozu erweichen sie meinen Katechismus?
Die Trödler erweichen meine Gehirnmasse
mit dem schwerem Zucker;
ohne Umriss erinnerte ich mich türkischer Milch;
Rinden fettigen Holzes,
ein Sägeblatt, aus singenden Kerzen geformt;
ein Golem Licht,
unfähig dem babylonischem Weg Ligade zu tun

Aus dem Hain her stöhnt der Unsterbliche
der Uranus mehrt sich mit galvanisierten Vögeln und
Zauberinnen
Sie klammen einen Zopf aus Eis

Ein karger Stuhl aus Göttern
Die tödlichen Epiphanien, die Zuflucht eines Herzens von
Münzen
Molekulare, vollende Karten

XXXIV.
(Gemisch aus alten Zeiten)

Die Satten, die Freimaurer, die Fremdwörter
Stetig erneuerte Freuden zwischen diesen Wänden der
Häuser

Kostspielige Lutheraner
Euer Herz gebiert neu im Streifenden,
sein Augenweiß ist süße Sahne,
seine Lippen schmunzelnde Karpfen

Ein Kombi in Bordeauxrot,
der schwindet hinter den Wolken am Himmel,
der sich unerkennbar erweist hinter Partikeln
der Niederschläge

Gewächshäuser in aufwendigem Renaissance-Schmuck
Schnittwunden, die nur heilen in sehr feinem Sand

Die Anzüge wirken wie Akademiker;
wenn auch die Achselhöhlen sich in die Silhouetten
schneiden,
die Kostümchen der Kinder und Zwerge sich in ein feuchtes
Netz werfen,
die Masken tragenden, die ohne Anstellung sind
und eher Abschaum als Stars,
die Väterchen angraben

Ich habe eine Sechs im Auge,
die Figur eines Pavians,
Morgenwind im grauen Schlauch

Urban, versteckt am Propan-Gas-Tank;
Fensterglas anstelle eines elektrischen Leiters
Das Blut verdünnt sich auch heute noch mit dem billigen
Lambrusco;
1,29 für jeden Schädel, den sie aus einem Rennboot retten;
Kindheit zwischen unfertigen Versorgungsleitungen,
die erste Falte des Oberschenkels als Chiasma gegen liberale
Königreiche
Guppies in MC-Hüllen, Hebel an einem commodore,
bespritzt von Orangensaft
Entweihte Fische,
von D-Zügen zermalmte frische Katzen,
das Labyrinth zum Alkohol, herzlosem Gras, getauschten
Alben
Hirn eines Barsches, dass der Puppe der Mutter
auf dem WC in den Mund spritzt

XXXV.
(Ausheben der Gräben)

Schwung gegen den letzten Dreck
der in meiner Nackenkrause ist
Wende bitte die Ordnung gegen mich

Lösche meinen mickrigen Maquis,
Lodern ist mir unklarer Gesang
Zwilling aus Haschisch und Blut, Waben voller Jeeps

Bedrücke mein leichtestes Tier
Ziegel ist in seinem Würgen
Wölfe im leeren Kosmos streiten

Bedrückender Zweifel und Scham
beneidenswerte Eitelkeit bebt in Sichtbarem
Luftige Minenmaschinen pfeifen, monogame Ticks im
Herzen

Zugluft im letztem morgigen Hoden,
Akkuschrauber rauchen in Deinem Sarg,
Soll ich doch vorübergehen

Soll ich es doch sein,
sollte ich die ganzen Schwüre aushauchen
Sollte ich doch öffnen
stiller weißer Zwerg,
größere Maschinen erlernen das Beten

XXXVI.
(Oppurtunisten)

Schwach gesüßt...

Nur wenig Erinnerung, die eindringt
in mich
Schamlose Härte,
ich sah das Verurteilte,
die Liposomen des Bauches des Buddha
leicht schlafend voll der Fichten und Tings

Zara mit ihrem Rubenskopf,
stille Lesung haltend im Katamaran
Ihre Container sind knöchern aber etwas streng,
nicht leichter als ein Bolzen
Eine Entenfeder durchbohrte die Blase ihrer Galle
Kapern umringen die Ohren
die strenge Morgenfalte

Luftgeister
Ich haste in den dunklen Schlot
Hitzesuchende Kuppen
Sie berechnen mit Grauen die Schlüssel
Das Technikum der morschen Stadt
Zart und wechselnd

Kumpel Zara
Eine Schaukel zwischen Guanin
Glimmende Hölzer zum Epilieren
Der Löffel bohrt sich in den Quark an alte Kassetten
Ihr verfallendes Loft
An einer Turbine gleite ich nach unten hinweg

XXXVII.
(Der mechanische Tempel)

Abfallwirtschaft,
umwoben von okkulter, schwarzer Magie
Interesse durchleuchtet, das eben
Anblick, mit eigenem Blut befleckte Träumer
Birkenidylle
Tee der Zaghaften untermauerte
Die Bilgen tragen einen Schal Morgen
unter der Zisterne hoch,
in sanftes Rechnen geneigt.
Der Steller schreit auf einer
schweren Pritsche.
Ihre Angelegenheiten sind einfach,
Brom und Kupfer zerwühlen ihre Stirn.
Das Stroboskop-Licht übt die Gewissen,
in der Nähe des Tunnels
glimmen Nordafrika und Kämmerer
Die Mühle erwirkt sich im Duft;
hinter den Lavendelfeldern
mühen die Pappeln den jungen Wind.
Karpfen aus Holz legen sich in Tau.
Gleitende Paläste binden sich uns an…

XXXVIII.
(Arsenal an Zeit)

Keine Erwartung, Neugier
für Milch und verspiegelte Oliven,
in einem Napf aus Gips

verschlossen der Apfel eines Fötus,
die graue Eminenz
der Kraftvolle von Wolken

Hibiskus, in einer Metastase versiegelt;
die strebsamen Hysterischen
streichen ihre Kufen durch Solargras

Die Serpentinen offenbaren Schwächlinge
unter ihnen, Ehrlichkeit jagt
und weiche Knochen stillen

Florentinertuch hebt
Das Bier hängt auf den Schiffen
Garnelen und Duftmolekül

fällt in Lamarck'sche Kartons
        die gerissenen Kondome und Tulpen
        die Million an Ingenieuren im Exil
        Zitadelle der frühen Dürren
        der Uterus einer Waldkatze
        die demokatrische Stimme
        Fettpolster des Gehirnes
        die Ostmauer aus Nerz
        Unterwassergracht
        Frühen-Wollen

IXL.
(Kanalisationslabyrinth)

In illuminierten Gärten

Kaltregen-Schaudern, doch kauern muss ich mich nicht
selbst die fetten Vögel grinsen vor innerem Licht
Die Natur des Lebens kauert an mehr als einem nass
geregneten Weißen

Tangas im lauen Mondgarten

Trink mich dunkel
mich verirre!
Meine Schläfen Okra
Ein schwarzes Herz

Wahre Empfindung und die Kako-
phonie. Koks auf dem Mondblues-Slip
und Silberhüllen
Wolken aus Säuren

Sombratüren verklingen mit allem Vorklang der
Widersinnigen;
Mentalitäten, die wir erblicken, austreibend, Sommer bluten
Koschere Seele aus dem Seesternholz

Semester aus getrocknetem Holz
wir beherbergen die geläuterten Puppen
und das Brot der Infamen
Ich schnitze meinen Namen, geifernd,
nieder blickend, in eine hölzerne Schnecke.

-3-

Glaspaläste

XL.
(Granatäpfel)

Tropen der Sinne
wiegende athletische Buchten
vom Erz des Hochlands,
dem wiegendem Kreuze,
in Hast
herangebracht.

Deck der teuflischen
Existenziellen. Mit weisen
Regungen enthauptet,
wiegt Ganymed
die Schlehe
der Lichter

Negierend spinnt
Myrmidonenstrom Hellena
in den Drüsen der Ekel.
Krüppel, von Eon
in Marge
gestriffen,

Hierophanten in Lederschürzen
verlangsamtes Durchstreifen.

Entnommendes Karma; Glück verfilzt...

simple Speisen spinnen gezeigte Gifte...

XLI.
(Reklame eines Outlet-Stores)

Der Xenon-gekleidete Buddha

Im Fenster des Outlet-Stores
bestiehlt
  der Entlassene.
Die Urna vom Haupt des
  in Xenon gekleideten Buddhas

Die Laternen der Straße sind ein Verlies.

  Zar durch Anvertrauen und schwarzer Kaiser.
  Beeren aus Nikotin-haltigem Schlamm erwachsen;
  der warme Schenkel drückt;

  gefeilschte Silben heizen den Feuerglobus an -
  nur eine Anzahl getöter Silhouetten,
  nichts anderes bewirken sie...

Ein Dieb hungert die Urna in einer Koralle aus,
er schläft tiefe Ferne zu sich hinein;
er ist eine Kette aus Frost,
seine Karren trüben Wälder,
seine Gerissenheit ist Spiel von Holz.
Er kräftigt

Er ist eine Haut aus zigfacher Perle.
  Schiebt sich eine Gage
  in das Fach des verstorbenen Wagens.
   Was kann schon verhindert werden?
    Warum leben sie?

XLII.
(Nacht im Hallenbad)

Vergeblicher Weizen, der,
stolz, verwachsen
mit der Gerbe
ästhetischer Humanisten;
taumelnde Schäferhunde,
die ihre eitlen Organe
in
Kryptas küssen.

Indische Spiegel und Mangroven
schöpfen jadefarbene Hallen des Sportes.
Leichtathleten prüfen Stein;
Serifen, welche bekleiden
die Gelenke aller Nymphen und ledaische Träger.

Salben des Augusts mindern die Schwermut.
Die Würde wird Erinnern,
Mond-blau
wir diese Stadt;
sie ist ein Unikum;
ihre Epochen finden alle Feuer.

XLIII.
(Schienen)

Entkristallisierte, geboren-ohne-Mund-
Völker; das Phantom eines bestohlenen
Ekels

Der Morgen-Schaffner blitzt sich
seine Ohren sind voller Schein
ein Hundeemblem schmückt ihn
er schmückt sich weich

Zwischem dem Geflecht der Länder
kommuniziert allein die
Frucht der Mühe

Herz oder Religion
Der Kopf – einer, von allen
ein Mal kategorisierten Vögeln -
spuckt dich voll mit Schnee
Der Spät-Schaffner blitzt sich
seine Ohren sind voller Schein
ein Hundeemblem schmückt ihn
er schmückt sich, als wäre er die Nacht

Er ist des Morgen-Schaffners kleines Hundeemblem
Es schmückt ihn so sehr, als seien beide
die Nacht

Du weckst dich hinter deinen Augen auf
Dein erster Morgen in Europa

XLIV.
(Die letzte Handschrift)

Altare, die, im kranken Kampf
geleert, geboren
wurden,
thronen auf den Gipfeln,
auf Knien
und Ellenbogen
fern manches Klanges
untiefen Wissens

eine Welt voll Entmündigung
glückloser, zu parallelen Naturen
ganz dem Lachen sich entgegen entfaltender
Johannes
mit baren Lippen
rastlos doch
brachial

Einstimmend – was nützt dir all dein
Blut, das
unter Dächern, in Portalen, Erste Hilfe-Kästen
einfriert
auf all den anderen Seiten

Ein voller Gott in Erwarten
Vom Zephyr
zum niedrigstem Hund am Acheron

Ich ziehe deine Kinder mit Seide auf...

Was entstellte Träume schaffen...

XLV.
(Intentendanten)

Besänftigend, voller Hass
Die Spieler schwindeln, sie
sie schwindeln um Dramatiker feste Gesetze

Sie erinnern sich meiner Geburt
nicht; auf kühlen Daunen
schlüpfen sie in giftige Puppen

der Charonsmond durchbohrt meine Lungen;
unlesbare Notizen auf
Spermien-befleckten Kalendern

Theater und Geistesblitze von stummen Hoffiguren,
den Bettlern im Schach,
getragen

      Besänftigend, voll der Lakonia-
Wege. Reizvoll. Zu ausgeleerten Kleidern
atomisierte Regisseure,
zu Kleiderhaufen hin
verblühte Spieler

XLVI.
(Homulunk)

Staubige Mäntel
Abgeschnittene Penisse der Baptisten
singen in der nun alternden Handfläche

Verrückt, angetrunken,
in jeder Hinsicht einfach nur scheiße
Aber deine klaren Gesichtsmuskeln

Verrohte Wimpern, ungezählte
Synthese; Fixer, informell akzeptiert,
aber noch nicht geliebt

In der Hand nun, die du
Kronzeugen, die Stiere und
Organisation – einfach – prüfen

Öltöpfe mit Nelken
pudern den dürren, vom Alkohol
Rastenden. Der Kastenrock.

Die Mürbe

Die großen Schnecken

Ein künstlicher Mensch, der in einem
Rinnstein sein Bein verkeilt.

Du bist zerbildet, zerliebt
Über deiner Toilette hängend
Über deinem Rock

XLVII.
(Medikament)

Vermüllte Augen
streunen schwarzen Geräuschen nach
zusammengekrachte Lippen
stehlen die Spuren

Vom Geist der Kultur her
entfalten wir

Du glichst
der Anämie eines Winters

zwischen den Zähnen
knarzte er

Transferlinien,
die sich übergeben
einander beschlafen

meine Zehen sind blutig,
geschoren

Meine Glatze ein libanesischer Engel

Bis über einen Abend wie diesen,
kann ich diesen Gesang, der fehlt, hören

XLVIII.
(Sommersturm)

Diese Dosen und Konserven
schneiden mich auf

Die Äpfel
reinigten noch meine Haut

Die Schirme sinken auf mich

Duftorgane wilder Tiere
welken sich im Wind hingerichtet

Die Knochen brechenden Wälder

Der See aus dem die Leichten steigen
und in dem die Herrin des Sees sinkt,
Schlamm gebiert
und heikles Lebenslauf
Die Mangrove entzieht
sich dem Männerherz mit ihren Spitzen

Wir leben in Stroh

Die Wolken härten aus

IL.
(Glaspalast)

für Panki und Familie Brenner

Die Nacht nimmt noch
das Leise mit

und
sie stiehlt sich.
Sedna sieht dich mit leeren Seiten an.
Der Korb bricht hell.

Unser ist die Geduld.
Er übt.

Die Nüsse sind vergraben in dichtem Heu.
Eine Gegenwart stahl sich mit.

Im Kanal versinkt alles dreimal.
Der Kopf einer Dohle
frisst sich in meinen Nacken,
langsam, mit Schiffsaugen.

Die Hälfte der Welt
und die Hälfte aller Sternzeichen,
der Norden,
auch depravierte Geschöpfe

Alle Zeit der Welt
Ich verspreche mir, dass es unmöglich
genug sein kann

und ich übe
übe nur noch

Verzeichnis der Texte

2009

2010

Blog des Autors:

selaika.wordpress.com

Andere Publikationen:

Catoblepas, Erzählungen, erschienen 2009 bei Books-on-Demand, 168 Seiten, 9,90 €, ISBN: 978-3-8370-9612-5